PLANCHE

A TRACER

DE LA CÉRÉMONIE

D E

L'INAUGURATION

DE LA ☐∴ DE SAINT JEAN,

Réguliérement constituée à l'orient de Semur en Auxois.

SOUS LE TITRE DISTINCTIF DE *LA BONNE FOI.*

. . . . Souvenez-vous que chez les vrais Maçons
Les richesses, l'orgueil ne sont que des chimeres.
Enfans du même Dieu, tous les mortels sont freres;
Le vice seul est bas, la vertu fait le rang,
Et l'homme le plus juste est aussi le plus grand.

L'AN 1784.

A.·.L.·.G.·.D.·.G.·.A.·.D.·.L'U.·.

L'an de la V.·. L.·. 5784, le jour du mois

La R.·. ☐ .·. de St. Jean, ſous le titre diſtinctif de la Bonne Foi, *à l'orient de Semur en Auxois.*

A la T.·. R.·. ☐ .·.
à l'orient de

S.·. F.·. U.·.

TT.·. CC.·. FF.·.

Un nouvel Attelier Maçonnique vient de s'ouvrir dans cette Ville : puiſſe-t-il prospérer suivant nos vœux! Etendre l'empire de la Maçonnerie, c'est à nos yeux réunir un plus grand nombre d'hommes vertueux. Aussi en formant cet établissement, nous avons eu pour but de marcher sur vos traces, en pratiquant les vertus qui sont le fondement de notre Ordre; persuadés que c'est l'unique moyen de mériter l'estime du Corps auguste auquel nous venons d'être associés. La cérémonie de notre installation est pour nous une époque qui a rempli nos cœurs de joie: mais notre bonheur seroit imparfait, sans l'espérance que nous avons conçue d'être attachés à tous les vrais Maçons par les liens de l'amitié fraternelle. Une si douce chaîne mettra le comble à notre satisfaction, si elle nous unit à votre R∴ L∴ en particulier: les vertus maçonniques & les qualités personnelles des Membres qui la composent, nous font aspirer à cette faveur avec le plus vif desir.

Pénétrés de ces sentimens, nous avons la faveur de vous offrir la Planche à tracer de notre installation, & le Tableau de notre nouvelle ▭∴ *Daignez les accepter comme un premier gage de l'attachement fraternel que nous vous avons voué, & avec lequel nous sommes par les N∴ M∴ Q∴ V∴ S∴ C∴, & avec tous les H∴ Q∴ V∴ S∴ D∴*

TT∴ CC∴ FF∴

Vos très-humbles & très-obéissans serviteurs & très-dévoués FF∴ les FF∴ de la ▭∴ *de Saint Jean, sous le titre distinctif de* la Bonne Foi, *à l'orient de Semur en Auxois.*

PLANCHE

De l'inauguration de la ☐∴ *de St. Jean, réguliérement conſtituée à l'orient de Semur en Auxois, ſous le titre diſtinctif de* la Bonne Foi.

A∴ L∴ G∴ D∴ G∴ A∴ de l'U∴

Sous les auſpices du Séréniſſime Grand-Maître de toutes les LL∴ RR∴ de France.

Le vingtieme jour du huitieme mois de l'an de la vraie lumiere cinq mil ſept cent quatre-vingt-quatre, les FF∴ Devoyo, V∴ ex-Maître de la ☐∴

de la Concorde à l'orient de Dijon; Guelaud, ſecond Surveillant; & Mollerat de Souhey, Membre de ladite □∴; en vertu de la commiſſion de la très-reſpectable grande □∴ de France, ſous la date du dix-ſeptieme jour du troiſieme mois de l'an de la vraie lumiere cinq mil ſept cent quatre-vingt-quatre, & de la députation faite de leurs perſonnes par délibérations de la R∴ □∴ de la Concorde, des premier & quatorzieme jours du quatrieme mois & du douzieme jour du cinquieme mois de la même année 5784; deſquelles délibérations eſquiſſe eſt enſuite de ladite commiſſion, à l'effet de, comme Députés du G∴ O∴ de France, procéder à l'inſtallation des FF∴ compoſant la □∴ de St. Jean, ſous le titre diſtinctif de *la Bonne Foi*, à l'orient de Semur, ont dreſſé la Planche à tracer de ladite inſtallation, en la maniere ſuivant.

Les Députés de la □∴ de la Concorde s'étant rendus cejourd'hui, munis de leur commiſſion, au Temple de la □.·. de la Bonne Foi, ont été introduits dans le veſtibule; & ayant été inſtruits que les FF.·. étoient aſſemblés dans la □.·. & qu'elle étoit ouverte, ils ſe ſont fait annoncer en qualité de Députés de la T.·. R.·. G.·. □.·. de France, & chargés de ſes pouvoirs. La □.·. de la Bonne Foi les a envoyé reconnoître par trois de ſes Officiers, auxquels les Députés du G.·. O.·. ont exhibé la commiſſion qui leur a été donnée par la R.·.□.·. de la Concorde. Sur cette exhibition qui s'eſt faite ſans remiſe de pieces, les Officiers ſont rentrés dans leur □.·.; elle a ſur le champ envoyé ſes maillets avec la pompe & l'appareil ordinaire aux Députés du G.·. O.·. au veſtibule du Temple, dans lequel ils ont été introduits ſous la voûte d'acier. Le V.·. F.·. Devoyo a occupé la place de V.·., le F.·. Gueleud celle de premier Surveillant, & le F.·. Molſerat de Souhey, celle de ſecond Surveillant.

Le V.·. F.·. Devoyo, placé à l'O.·. ſous le dais, a prononcé le diſcours ſuivant.

MESSIEURS,

1er. Disc. du V.·. D.·. « Si la confiance qu'a accordé le
» G.·. O.·. à la ☐.·. de la Concorde,
» eſt à jamais glorieuſe pour elle;
» qu'en ce moment elle fait éprouver
» de charmes à ceux qui ont été
» choiſis pour y répondre! En vous
» aſſociant à l'Ordre des M.·., n'ac-
» querrons-nous pas le droit, ou au
» moins l'eſpérance flatteuſe, de voir
» cette ☐.·. s'unir à la nôtre par les
» liens de l'amitié la plus tendre &
» la plus ſincere.

» Oui, MM., depuis que vos conſ-
» titutions nous ont été adreſſées,
» cette eſpérance fait tout notre bon-
» heur. Combien de fois n'avons-nous
» pas répété : qu'il eſt agréable pour

» nous, en étendant l'empire de la » M.·., de nous procurer des amis » vertueux qui fauront apprécier la » valeur de ce nom, parce qu'ils en » connoiffent déjà les devoirs & les » douceurs.

» Chargés, il y a quelques années, » du miniftere que nons rempliffons » maintenant, nous difions à des FF.·. » qui par leur préfence mettent le » comble à nos vœux & aux vôtres: » *Vous qui brûlez du defir d'être M.·.,* » *apprenez que nous mettons un prix à* » *l'empreffement que nous avons d'y fa-* » *tisfaire. Quel étoit ce prix? Que nous* » *ferions heureux, MM., fi vos cœurs* » *pouvoient vous en inftruire!* Nous leur » demandions la promeffe de partager » l'attachement fraternel qu'ils nous » avoient infpiré. Notre priere alors » fut accueillie, & nous aimons à » croire qu'en vous la réitérant au- » jourd'hui, elle aura encore le même » fuccès.

» Dans cette confiance, nous pro-

» céderons à votre inſtallation, dès
» que lecture aura été faite du tableau
» des Membres qui compoſent le G∴
» O∴ & des Lettres d'agrégation que
» vous en avez obtenues. »

Ce diſcours fini, le V∴ Devoyo a fait faire lecture par le F∴ Secretaire de la □∴ de la Bonne Foi, de la commiſſion du G∴ O∴, de la nomination faite par la □∴ de la Concorde, de ſes Députés pour l'exécuter : il a fait faire pareillement lecture des conſtitutions accordées à la □∴ de la Bonne Foi par la T∴ R∴ G∴ □∴ de France, ainſi que du tableau de ſes Officiers. Cette lecture faite & ſuivie des applaudiſſemens ordinaires, il a fait faire l'appel de tous les FF∴ qui compoſent la □∴ de la Bonne Foi, à la vue du tableau qu'il s'eſt fait repréſenter; il s'en eſt trouvé quatre abſens; ſavoir, le F∴ Marquis de Clugny, Officier au Régiment de Beauvoiſis, actuellement en garniſon à Huningue, Maître; les FF∴ Maubeuge, ſeuge, Muriot & Giraud, Apprentifs ſervans, ainſi qu'il a été conſtaté par deux expéditions du tableau qu'il s'eſt fait remettre.

Enſuite le V.·. Devoyo a remis ſon maillet au V.·. Simon de Grandchamp, Maître de la R.·. ▭.·. de la Bonne Foi, & les FF.·. Guelaud & Mollerat de Souhey ont remis les leurs aux FF.·. Bert & Reuillon de Braint, premier & ſecond Surveillans. Le V.·. Simon deGrandchamp tenant le maillet à l'orient, a été invité par le V.·. Devoyo à faire une réception d'Apprentif; ce qui a été exécuté avec les formalités d'uſage. Le V.·. Simon de Grandchamp ayant enſuite fait retirer les Apprentifs, a ouvert la ▭.·. de Compagnons, & a procédé à une réception à ce Grade, avec les mêmes formalités. Cette ſeconde réception finie, il a fait retirer le F.·. Lhuilier Compagnon; après quoi il a ouvert la ▭.·. de Maître, & a procédé à une réception à ce Grade. Ces trois réceptions ayant été jugées régulieres par les VV.·. FF.·. Députés, le V.·. Simon de Grandchamp a fermé la ☐.·. de Maître, & fait introduire le F.·. Lhuilier; il a ensuite fermé la ☐.·. de Compagnons, & fait rentrer les Apprentifs. Après quoi les VV.·. FF.·. Devoyo, Guelaud & Mollerat de Souhey, ont repris les maillets & leurs places. Ces trois réceptions finies, & l'instruction sur chaque Grade faite, le V.·. Devoyo a fait lecture, au nom du G.·. O.·., de l'obligation & du serment solemnel que devoient prêter les Membres de la ☐.·. de la Bonne Foi, dans la forme prescrite & en ces termes.

Serment. » Je promets d'honneur & en vrai » Maçon, d'être constamment & fidé- » lement attaché au G.·. O.·. de Fran- » ce, & de me conformer à ses sta- » tuts & réglemens : en foi de quoi » j'ai signé à l'O.·. de Semur en Au- » xois, le 29e. jour du 8e. mois de » l'an de la vraie lumiere 5784. »

Le ſerment a été prêté par tous les FF.·. de la □.·. de la Bonne Foi, entre les mains du V.·. Devoyo, & la minute de l'obligation ſouſcrite; & attendu l'abſence des quatre FF.·. ci-devant déſignés, les VV.·. Députés ont autoriſé le V.·. Simon de Grandchamp à leur faire prêter, à leur retour, le ſerment d'uſage, & ſouſcrire la minute de l'obligation qui a eté à l'inſtant ſcellée du ſceau de la □.·. de la Bonne Foi, n'ayant pu l'être de celui de la Concorde, par les raiſons exprimées dans le pouvoir que cette R.·. □.·. a donné à ſes Députés : au moyen de quoi, lorſque le ſceau de cette □.·. ſera rétabli, & l'obligation renvoyée à ladite □.·., elle y fera appoſer ſon ſceau, pour être enſuite la minute de cette obligation envoyée en original au G.·. O.·. de France.

Cela fait, tous les FF.·. étant debout, l'épée à la main & à l'ordre, le V.·. Devoyo a dit :

« Mes FF.·. joignez-vous à moi » pour ſupplier le G.·. A.·. de l'U.·., » en conſacrant cet aſyle, de rece- » voir l'hommage de nos cœurs ; qu'il » parvienne juſqu'aux voûtes qui ſou- » tiennent ſon trône ; qu'il daigne » manifeſter ſans ceſſe en ces lieux, » ſa bonté, en inſpirant à tous ceux » qui l'habiteront, la ſageſſe, qui » peut ſeule faire fructifier leurs tra- » vaux, & les conduire ſûrement dans » la carriere qu'ils auront à parcou- » rir. «

Après cette invocation, qui a été répétée par les FF.·. Guelaud & Mollerat de Souhey, le V.·. Devoyo a dit :

« Au nom du G.·. O.·. de France, » nous Députés chargés de ſes pou- » voirs, inſtallons à perpétuité, à » l'O.·. de Semur en Auxois, la □.·. « de St. Jean, ſous le titre diſtinctif » de *la Bonne Foi.* »

Enſuite il a ajouté : « La □.·. de » *la Bonne Foi* eſt inſtallée. »

Cette phrase répétée par les FF.·. Guelaud & Mollerat de Souhey, & suivie des plus vives acclamations, le V.·. Devoyo a fait éteindre toutes les étoiles, & ensuite fait du feu nouveau, avec lequel il a allumé celles placées à l'O.·. & l'Oc.·.; après quoi il a donné à tous les FF.·. de la □.·. de la Bonne Foi, en suivant l'ordre de leur grade, le dernier mot que le G.·. O.·. de France envoie tous les six mois à toutes les □.·. R.·. de France, pour se reconnoître entre elles.

Cette cérémonie finie, le V.·. Devoyo a prononcé le discours suivant.

TT.·. CC.·. FF.·.

» Quel qu'ait été jusqu'à ce jour 2°. discours du V.·. D.·.
» votre zèle pour la gloire de notre
» Ordre, quelque desir que vous aïez
» éprouvé d'en pénétrer tous les
» mysteres, pour en remplir avec
» plus d'exactitude toutes les obliga-
» tions, vous étiez dans la fatale im-

» puiſſance d'eſpérer aucun ſuccès de » votre conſtance. Semblables à ces » ouvriers qui s'attachent à demander » à une terre ingrate une fleur qu'elle » ne peut produire, vous auriez fait » d'inutiles efforts pour en cueillir » dans le vaſte champ de la M.·. que » vous auriez entrepris de cultiver. » Les connoiſſances profondes dont » elle eſt dépoſitaire, ne pouvoient » devenir votre partage; & la récolte » abondante qu'elle promet à ſes vé- » ritables ſectateurs, étoit un tréſor » auquel vous n'aviez aucun droit de » prétendre.

» Le ſyſtême de la M.·. repoſe ſpé- » cialement ſur le principe de l'unité, » il eſt la baſe de la morale qu'elle » enſeigne, & par lui s'expliquent » toutes les cérémonies qu'elle admet.

» Auſſi, MM.·. FF.·., pour peu que » vous fixiez votre attention ſur la » forme & ſur l'eſprit de notre conſ- » titution, vous ſerez bientôt con- » vaincus que tout en □.·. annonce

» la néceſſité de ce principe, & qu'il
» eſt la ſource précieuſe à laquelle
» un M.·. qui veut s'inſtruire, doit
» indiſpenſablement remonter.

» Quel eſt en effet le conſeil qui
» vous a été donné en entrant dans
» l'Ordre ? Celui de ne jamais perdre
» de vue la loi premiere de la na-
» ture, & qui n'a ceſſé d'être en vi-
» gueur que parce que les hommes
» n'étoient point aſſez parfaits pour
» elle. La loi ſacrée de l'égalité, en
» vous rappellant qu'iſſus d'une ſeule
» tige, rameaux d'une ſeule branche,
» nous avions une carriere commune
» à parcourir, & une même fin à at-
» tendre ; n'étoit-ce pas vous dire
» avec la plus grande énergie : gardez-
» vous d'oublier le principe de l'u-
» nité, il doit vous rendre modeſtes,
» juſtes & bienfaiſans ? n'étoit-ce pas
» vous dire : quand vous ſaurez que
» le haſard diſpoſe arbitrairement des
» rangs & de la fortune ; que cet être
» qu'on mépriſe, parce qu'il eſt né

» dans l'indigence, eſt votre ſembla-
» ble ; pourrez-vous encore vous
» livrer aux illuſions de l'amour pro-
» pre ? Quand vous vous ſouviendrez
» que celui qu'on opprime eſt votre
» frere, dépendra-t-il de vous de ne
« pas vous armer pour ſa défenſe ?
» Enfin, quand vous verrez le mal-
» heureux arroſer de ſes larmes le pain
» qui lui ſuffit à peine pour prolonger
» ſa triſte exiſtence, votre ame pour-
» ra-t-elle ſe fermer à la ſenſibilité,
» & ne pas voler au devant de ſes
» beſoins ?

» Mais, MM.·. FF.·., ces impor-
» tantes vérités pouvoient-elles être
» dépoſées en des cœurs plus dignes
» de les recevoir que les vôtres ? Par-
» tiſans zèlés de la juſtice, vous n'a-
» vez point attendu que vous fuſſiez
» M.·. pour vous impoſer le devoir
» d'être juſtes : protecteurs continuels
» de l'infortune, nos maximes n'ont
» rien ajouté aux ſecours que lui pro-
» diguoit déjà votre bienfaiſance. En-

» nemis déclarés de l'orgueil, il n'a » pas fallu vous adresser cette leçon » si nécessaire à tant d'autres. Fier » mortel qui ne craint pas de te dé- » grader en cherchant à avilir tes pa- » reils, apprends qu'aux yeux du G.·. » A.·. de l'U.·. tous les hommes naif- » sent égaux, & que la seule distinc- » tion qu'ils puissent admettre entre » eux, est subordonnée à une vie » criminelle ou vertueuse. Choisis » cette regle pour juge; & si tu l'oses, » refuse encore encore à ceux que » souvent tu devrois honorer, une » estime dont tu fais assez peu de cas » pour l'accorder aveuglément à qui » n'a aucun titre pour l'obtenir.

» Ne cessez point, MM.·. FF.·. de » pratiquer avec un courage inébran- » lable, toutes les vertus qui vous » distinguent. Vous en avez jusqu'ici » trouvé la récompense dans la paix » que vous avez conservée avec vous » mêmes. Maintenant la M.·. vous en » offre une seconde dans les instruc-

» tions ſalutaires qui vous ſeront don-
» nées, & que dès aujourd'hui elle
» vous autoriſe à réclamer.

» Votre éloignement du centre
» commun des M.·. étoit un obſtacle
» invincible à vos progrès. Le flam-
» beau qui éclaire toutes les □.·.
» n'étoit point allumé pour la vôtre;
» & vous croyiez en vain apperce-
» voir la lumiere, elle ne pouvoit
» réfléchir juſqu'à vous. Mais par
» votre réunion au G.·. O.·., tous les
» obſtacles ſe diſſipent; votre □.·.
» gouvernée par le principe d'unité,
» ſe confond dans toutes les autres,
» pour n'en former plus qu'une avec
» elles; & les connoiſſances que poſ-
» ſéde notre Ordre, deviennent un
» bien auquel il vous eſt légitime-
» ment permis d'aſpirer.

» N'imaginez pas cependant que
» votre agrégation au G.·. O.·. puiſſe
» ſeule vous en procurer la jouiſſance.
» L'unité de la M.·. conſiſte moins à
» reconnoître, qu'à ſuivre la regle

» qu'elle prefcrit ; & quel avantage » pourroit-on fe promettre d'une » foumiffion apparente à cette regle, » fi on s'en écartoit dans fes actions ? » Qui veut s'y conformer, doit don- » ner l'exemple du refpect le plus » profond pour la Religion, & tra- » vailler fans relâche à en remplir » tous les préceptes.

» Loin de nous ces impies qui ont » l'audace d'interroger l'Être fuprême » fur fes œuvres, & qui les nient, » parce qu'ils ne peuvent les com- » prendre. Loin de nous ces philo- » fophes dangereux, qui établiffent » le regne du menfonge, en affectant » la prétention de le détruire. Loin » de nous enfin ces hommes incon- » féquens, qui, ayant la foi, agiffent » comme s'ils ne l'avoient pas. Les » incrédules ou ceux qui en ont la » conduite, voilà les profanes. Le » vrai Chrétien, voilà le vrai M.·.

» Religion fainte ! puiffions-nous à » jamais vous chérir & vivre fous

» votre empire ! C'eſt par vous que la
» charité s'enflamme, que notre juſtice
» s'éclaire, & que toutes nos paſſions
» ſont réduites au ſilence : c'eſt par
» vous que nous apprenons à reſ-
» pecter dans les Souverains de la
» terre, l'image même de la Divinité ;
» c'eſt par vous que nous apprécions
» la grace dont le Ciel nous a com-
» blé, en faiſant monter ſur le trône
» des Français, un Prince qui, mo-
» dele de toutes les vertus chrétien-
» nes, n'exerce ſa puiſſance que pour
» le bonheur de ſes ſujets.

» Redoublons donc de vigilance
» pour atteindre à la perfection qu'e-
» xige le Chriſtianiſme ; élevons nos
» cœurs juſqu'au ſéjour céleſte ; & en
» conſacrant cet aſyle au G.·. A.·. de
» l'U.·., diſons-lui avec la plus grande
» ferveur : O Être incompréhenſible
» par ſon immenſité, créateur de tout
» ce qui exiſte, Dieu qui reglez le
» ſort des foibles humains, jetez un
» coup d'œil favorable ſur vos en-

» fans, ils recourent pleins de con-
» fiance à cette bonté infinie, le ſeul
» de vos attributs qui ne ſurpaſſe
» point leur intelligence! faites qu'ils
» n'aient jamais de volonté que la
» vôtre; qu'ils adorent en tremblant
» les Décrets émanés de votre ſageſſe
» éternelle, & qu'ils obéiſſent conſ-
» tamment à la Loi que vous leur
» avez dictée. Répandez vos béné-
» dictions ſur un Ordre dévoué au
» culte de cette Loi, & qui ne peut
» fructifier que par elle.

„ Combien, MM.·. FF.·., en par-
» lant un langage ſi analogue à vos
» ſentimens, j'étonnerois ces hom-
» mes qui croient vous appartenir,
» parce qu'on leur a donné le nom
» de M.·. qu'ils déshonorent, ou dont
» ils méconnoiſſent les obligations.
» J'entendrois les uns s'écrier : eſt-il
» poſſible que la M.·. ſoit telle que
» vous voulez la dépeindre! j'avois
» toujours penſé qu'elle n'étoit qu'un
» motif honnête de diſſipation, & un

» moyen agréable pour resserrer les » nœuds de l'amitié. D'autres di» roient : dans quelle erreur nous » avons été entretenus ! comment » pouvions-nous imaginer que des » mots, des signes, ne fussent pas les » seuls caracteres distinctifs des M.·. » Enfin, ceux qui s'éloigneroient le » moins de la réalité, conviendroient » qu'ils n'ont jamais regardé la M.·. » que comme une société de bien» faisance.

» Vous gémiriez, MM.·. FF.·., de » voir la plupart des M.·. livrés à une » ignorance qui ne peut manquer » d'être très-préjudiciable à notre » Ordre, & vous vous réuniriez à » moi pour leur répondre : vous qui » n'appercevez dans la M.·. que des » mots & des signes, sachez qu'elle a » toujours été en possession de fixer » les plus grands génies que notre » siécle a produits ; & soutiendrez» vous encore qu'on ne s'occupe que » de bagatelles gravement traitées.

» Vous qui n'êtes conduits dans nos
» □∴ que par l'eſpérance d'une diſ-
» ſipation honnête & par le deſir de
» faire des amis, concevez-vous par
» quel prodige elles pourroient ſe
» perpétuer, ſi elles étoient incapa-
» bles de procurer d'autres avanta-
» ges ? Sans doute l'amitié y exerce
» tous ſes droits pour en aſſurer la
» ſtabilité. La douce gaieté, com-
» pagne fidelle de la vertu, n'en eſt
» point exclue, & il eſt permis d'y
» goûter ces plaiſirs purs que la baſ-
» ſeſſe de la calomnie, le tourment
» de la haine & les fureurs de l'en-
» vie, ne viennent jamais troubler.
» Mais ſi la M∴ ne vous a pas laiſſé
» prévoir des objets plus glorieux
» pour elle, que votre nom ſoit rayé
» de ſes faſtes, il ne mérite pas d'y
» être inſcrit. Vous qui ne regardez
» notre Ordre que comme un établiſ-
» ſement de bienfaiſance, il eſt aiſé
» de vous déſabuſer. Suivant votre
» opinion, le riche n'auroit qu'à ſe

» présenter à nous pour être accueillis
» & tous les jours ne nous arrive-t-
» il pas de préférer la médiocrité à
» l'opulence. D'ailleurs, qui veut être
» bienfaisant, a-t-il besoin de s'en-
» gager dans une société particuliere ?
» ne lui suffit-il pas de savoir qu'il
» est membre de la société générale
» que forme le genre humain. Les
» précautions qu'on prend dans nos
» □.·. pour rendre nos aumônes in-
» épuisables, ne sont donc qu'une
» conséquence nécessaire des princi-
» pes de la M.·., & non le but de son
» institution.

» Eh ! quel est-il, MM.·. FF.·., ce
» but si digne de toutes vos recher-
» ches ? En essayant de vous tracer
» la route par laquelle on y parvient,
» je vous ai annoncé que ce n'étoit
» point la hauteur philosophique, mais
» la simplicité chrétienne qui seule
» pouvoit y conduire : maintenant
» j'ajoute, que si l'homme qui est en
» même temps juste & charitable, ci-

» toyen religieux & ſujet ſoumis ; » eſt fondé à prendre le nom de » M.·., celui qui joint à toutes ces » qualités, l'amour de la retraite, le » goût de la méditation, qui obſerve » avec ſoin les merveilles ſans nom- » bre qui l'environnent, pour s'aſſu- » rer de ce qu'il eſt, de ce qu'il de- » vroit être & de ce qu'il a l'eſpoir » de devenir, eſt le parfait M.·.

» Ici ſe termine la miſſion des Dé- » putés de la Concorde. Envoyés au- » près de vous, MM.·. FF.·., pour ra- » tifier votre travail ; il n'eſt pas en » leur puiſſance de vous diſpenſer de » le faire. Heureux s'ils ont répondu » à la confiance qui leur a été ac- » cordée, & s'ils peuvent ſe féliciter » d'avoir contribué à vos ſuccès. Pre- » parés par celui que votre prudence » a placé à la tête de cette ☐.·., » nous ſommes certains de les voir » ſe multiplier avec rapidité. Sa dou- » ceur vous fera chérir vos devoirs, » & ſon exemple vous en facilitera la

» pratique. Attaché à ce M.·. par ses
» liens du sang & ceux de l'amitié,
» qu'il seroit doux pour moi de ren-
» dre à ses vertus l'hommage que
» vous paroissez attendre de ma part:
» mais plus les louanges sont méri-
» tées, plus elles blessent ceux qui
» en sont l'objet; & votre choix su-
» périeur en éloquence à tous les
» discours, ne fait-il pas du F.·. de
« Grandchamp l'éloge le plus flatteur
» qu'il puisse recevoir. »

Ce discours fini, & applaudi avec les acclamations d'usage, le F.·. Gueland, l'un des Députés, a prononcé le discours suivant.

TT.·. CC.·. FF.·.

Discours du F.·. G.·.

» Il est enfin arrivé ce jour si long-
» temps desiré, qui comble tous vos
» vœux. La R.·. G.·. □.·. de Fran-
» ce, sur le compte favorable qui
» lui a été rendu de vos dispositions
» & de vos talens, vous a accordé

» des constitutions que vous récla-
» miez, & en nous chargeant de la
» flatteuse commission de vous affilier
» à tous les M.·. réguliers du Royau-
» me, elle nous procure la douce sa-
» tisfaction d'applaudir à son choix,
» & d'admirer le zèle & les vertus
» qui l'ont déterminé.

» Pour remplir les vues des RR.·.
» FF.·. de qui nous tenons nos pou-
» voirs, il seroit de mon ministere de
» vous développer les qualités essen-
» tielles qui doivent caractériser les
» Membres de l'Ordre qui vous adop-
» te; je devrois vous rappeller son
» ancienneté, ses progrès, & les heu-
» reux effets qu'il a produits dans
» l'ordre social; mais pour ne point
» abuser des momens précieux qui
» nous réunissent, je ne vous entre-
» tiendrai que de la bienfaisance,
» cette vertu particuliere aux vrais
» M.·. & qui depuis l'établissement de
» notre Ordre, lui a mérité l'estime
» & la considération dont il jouit
» juste titre.

» Ce ſujet intéreſſant, MM.·. FF.·., » mériteroit la diſcuſſion la plus étendue ; mais mon inſuffiſance doit » mettre des bornes à mon zèle ; & » aſſuré de votre indulgence, j'eſſaie» rai ſeulement de vous ébaucher » quelques traits de cette vertu ca» ractériſtique du M.·. Trop heureux » ſi, en traitant un ſujet auſſi impor» tant, je n'en affoiblis point l'intérêt » & la beauté.

» La bienfaiſance, MM.·. FF.·., eſt » la premiere vertu de l'homme ſo» cial, elle peut être même regardée » comme la ſource de toutes les au» tres ; elle le porte à aimer ſes ſem» blables ; à concourir à leur bon» heur, en leur rendant tous les ſer» vices qui peuvent y contribuer. » Cette vertu eſt fondée ſur ce que » l'homme doit au G.·. A.·. de l'U.·. » à la nature & à la raiſon. *Au G.·. » A.·. de l'U.·.*, qui comble tous les » êtres de ſes bienfaits. *A la nature*, » par les purs ſentimens que cette

» vertu répand dans l'ame. *A la rai-*
» *son*, par l'intérêt que l'homme, re-
» lativement à lui-même, doit pren-
» dre au ſoin de ſes ſemblables. D'où
» on peut conclure que la bienfai-
» ſance eſt le principe de la véritable
» grandeur & la ſource du ſolide
» bonheur.

» La grandeur, MM.·. FF.·., ſuivant
» les idées communes, paroît con-
» ſiſter dans les dignités & les hon-
» neurs, mais ils n'en ſont que l'om-
» bre : la vertu ſeule aux yeux du
» ſage la conſtitue ; & je ne crains
» point d'avancer que la bienfaiſance
» comporte toute l'étendue des de-
» voirs de la morale. Nous atten-
» drir en effet ſur les maux de nos
» ſemblables, leur tendre une main
» ſecourable, n'eſt-ce pas nous aſ-
» ſimiler en quelque ſorte au G.·.
» A.·. de l'U.·., dont l'eſſence eſt de
» faire le bien? eſt-il une grandeur
» plus réelle? Celle des Roix & des
» Grands eſt de rendre heureux ceux

» qui leur ſont ſoumis & qui les en-
» tourent ; elle eſt bien ſupérieure à
» cette grandeur factice que le pré-
» jugé fait conſiſter dans les dignités
« & les repréſentations, qui dans la
» ſociété ne ſont que le cadre du ta-
» bleau dont la bienfaiſance eſt l'ima-
» ge. C'eſt ce ſentiment de grandeur
» réelle qui faiſoit dire à un Empe-
» reur Romain, que rien ne le flat-
» toit davantage que les prieres &
» les demandes, que c'étoit alors qu'il
» ſe trouvoit véritablement grand.

» La bienfaiſance agrandit l'ame,
» elle lui donne une nouvelle éner-
» gie par la ſenſibilité qu'elle déve-
» loppe ; elle détruit dans l'homme
» cet amour propre, ennemi de la
» ſociété, qui le concentre en lui-
» même, &, par l'illuſion la plus
» groſſiere, le préſente à ſes yeux
» comme l'objet le plus important de
» l'univers : égoïſme d'autant plus
» dangereux, qu'il le ramene toujours
» à lui-même, & l'endurcit ſur le ſort
» de ſes ſemblables.

„ Tout ce qui intéresse l'humanité,
» affecte fortement l'homme bienfai-
» sant. Tous les êtres lui sont égale-
» ment chers; tous ont des droits sur
» son cœur & sur ses bienfaits, dût-
» il faire des ingrats. Aussi sa gloire
» pure & délicate n'excite point l'en-
» vie, elle se perpétue par les mo-
» numens de sa bienfaisance. Il n'a
» qu'à paroître, le respect le devan-
» ce, l'amour & la reconnoissance
» l'environnent : bienfaiteur de l'hu-
» manité, sa vertu le couvre tout en-
» tier, elle est son cortege & sa pom-
» pe. En vain tâche-t-il de se dérober
» à nos hommages, nos cœurs volent
» au devant de lui. Je le répete,
» MM.·. FF.·., je ne connois point
» de grandeur plus réelle & de plus
» noble ambition. Mais la bienfai-
» sance n'est pas seulement la source
» de la véritable grandeur, elle l'est
» encore du solide bonheur.

» L'homme desire sans cesse d'être
» heureux, non pas pour un seul

» moment, mais pour toute sa vie. » Il court après le bonheur, & presque » toujours le bonheur lui échappe. » Aveuglé par les passions & les pré- » jugés, les biens fugitifs, les hon- » neurs & les plaisirs, occupent sans » cesse ses recherches : mais il est » toujours trompé : les biens, indé- » pendamment des peines & des soins » que lui coûte leur acquisition, lui » échappent ou augmentent ses de- » sirs. Les honneurs, vains fantômes, » l'éblouissent, & laissent dans son » cœur un vuide qu'il ne peut rem- » plir. Les plaisirs disparoissent comme » un songe, & n'entraînent que la sa- » tiété & les chagrins : la vertu seule » peut lui faire éprouver des jouis- » sances réelles, parce qu'elle rap- » pelle le calme dans son ame agitée » par les passions, & le rend au bon- » heur de la société dont ses erreurs » l'avoient éloigné. Or, la bienfai- » sance, ce germe précieux de toutes » les vertus, peut seule procurer cette pure

» pure félicité qui fait l'objet de nos
» recherches. En effet, l'homme ſen-
» ſible & bienfaiſant ne s'écarte ja-
» mais de cette loi immuable gravée
» dans tous les cœurs par l'Auteur
» de la nature : *fais à autrui ce que tu*
» *deſires qui te ſoit fait.* Elle eſt la baſe
» & le principe de toutes ſes actions.
» Il ne connoît point la haine qui tour-
» mente & afflige, l'envie qui dé-
» chire, l'orgueil qui aveugle & ſé-
» duit; il regarde tous les hommes
» comme ſes freres; les obliger, les
» prévenir même dans leurs beſoins,
» les conſoler dans leurs diſgraces,
» voilà ſes plus douces occupations;
» elles lui procurent les jouiſſances
» les plus douces & les plus dignes
» d'un être raiſonnable, parce que la
» ſource en eſt pure, & puiſée dans
» un cœur formé par la vertu.

» En vous préſentant, MM.·. FF.·.
» la bienfaiſance comme la premiere
» de toutes les vertus & la plus eſſen-
» tielle au bonheur de la ſociété, je

» ne prétends pas que l'homme sen-
» sible & bienfaisant soit à l'abri des
» foiblesses de l'humanité. Les mines
» ne produisent point d'or pur; mais
» il est rare & presque impossible que
» l'homme bienfaisant soit susceptible
» de ces vices qui déshonorent & dé-
» gradent l'humanité. S'il s'égare quel-
» quefois, la pureté de ses principes
» le ramene bientôt à ce qu'il se doit
» à lui-même, ses écarts sont des
» nuages passagers qui nous cachent
» pour un instant l'éclat de l'astre du
» jour pour nous le rendre bientôt
» dans toute sa splendeur.

» Je n'ai fait, MM.·. FF.·. ainsi que
» je vous l'ai annoncé, que vous tra-
» cer l'esquisse des avantages réels
» de la bienfaisance : mais étoit-il
» besoin de vous en inspirer le goût
» & la pratique? le germe de cette
» vertu se trouve dans vos cœurs,
» elle est le type des vrais Maçons;
» & la noblesse des sentimens des
» Membres qui composent cette R.·.

» □∴ nous eſt un ſûr garant de leur
» ſenſibilité envers les infortunés, &
» des efforts généreux qu'ils feront
» pour les ſoulager.

» Ce ſeroit ici le moment, MM∴
» FF∴ de rendre au V∴ qui va diri-
» ger vos travaux, aux Officiers qui
» vont le ſeconder dans ſes impor-
» tantes fonctions, & à tous les Mem-
» bres de cette R∴ □∴, le tribut
» d'éloges que méritent leurs qualités
» perſonnelles & leurs vertus : mais
» je ſais, MM∴ FF∴, que le vrai
» Maçon n'écoute qu'impatiemment
» les louanges ; ſupérieur à la vanité
» qui les deſire, à l'adulation qui les
» prodigue, à la médiocrité qui les
» diſpute, il ne ſait que les mériter ;
» il craint même de les entendre, &
» par-là même il force l'envie à re-
» connoître ſon mérite, & à le lui
» pardonner.

» Je finirai donc MM∴ TT∴ CC∴
» FF∴ en vous exhortant à entretenir
» dans votre R∴ □∴ la paix &

» l'harmonie, à rendre vos aſſemblées
» fréquentes & intéreſſantes pour les
» citoyens choiſis que vous y admet-
» trez. Faites enſorte que l'homme
» occupé s'y délaſſe, que celui qui
» craint le travail s'y occupe, que le
» ſavant s'y déride, & que l'homme
» frivole apprenne à y réfléchir. Inſ-
» pirez-y la ſenſibilité & la bienfai-
» ſance; n'oubliez jamais qu'elles ſont
» la ſource de la véritable grandeur
» & du ſolide bonheur. A ces titres
» vous vous rendrez reſpectables à
» vos concitoyens, chers aux M.·.,
» qui ne ceſſeront de s'applaudir d'a-
» voir acquis des FF.·. qui honorent
» l'humanité autant par leurs vertus
» que par leurs bienfaits. »

Ce diſcours fini & applaudi avec les acclamations ordinaires, le F.·. Mollerat de Souhey, l'un des Députés, a prononcé le diſcours qui ſuit.

TT.·. CC.·. FF.·.

« Qu'il eſt flatteur pour moi, la premiere fois que j'ai l'avantage de parler en ☐.·., de rendre un hommage éclatant à notre Ordre, en contribuant à l'inſtallation de celle de la *Bonne Foi* à l'O.·. de Semur. Ce jour eſt ſans doute un des plus beaux de ma vie. Cette reſpectable aſſemblée, remplie du zèle qui diſtingue de vrais F.·., daignera m'accorder une indulgence que je réclame à juſte titre. Mon ambition ſeroit ſatisfaite ſi je pouvois tracer dignement le portrait d'un vrai M.·. mais pour cela j'aurois beſoin de l'éloquence de nos FF.·. qui nous préſident. Dans toutes les fonctions qu'ils ont remplies, ils s'y ſont diſtingués d'une maniere à m'impoſer ſilence, je devrois me contenter de les admirer. C'eſt donc en tremblant que je m'acquitte des fonctions du miniſtere qui m'a été confié.

Diſcours du F.·. Mollerat de Souh.

» Ce jour, MM.·. CC.·. FF.·., eſt » un jour ſolemnel pour la F.·. M.·. » Réunis pour fonder une ☐.·. dont » les Membres ſe diſtinguent par leurs » qualités civiles & morales, comme » par leur bienfaiſance, je vous in- » vite à partager avec moi la joie » que me cauſe l'inauguration de ce » Temple, & l'inſtallation de la ☐.·. » de la *Bonne Foi* à l'O.·. de Semur.

„ Permettez-moi, MM.·. FF.·., de » vous rappeller ce jour précieux où » vous avez vu la lumiere, le ſou- » venir doit vous en être cher; ce » jour où vous vous êtes engagés par » les fermens les plus ſacrés & les plus » ſolemnels, à contribuer à la gloire » de notre Ordre, doit être compté » pour un jour heureux. Ne perdons » point de vue que nous ſommes diſ- » tingués du commun des hommes. » Notre aſſociation a toujours été reſ- » pectée, malgré les vains efforts de » l'envie animée par une curioſité in- » diſcrete. Il n'eſt plus ce temps où

» l'ignorance & le préjugé forçoient
» nos FF.·. à ſe dérober aux yeux du
» public, lorſqu'ils vouloient rendre
» hommage au G.·. A.·. de l'U.·. &
» s'animer à la pratique des vertus
» dans nos Temples ; honneur en ſoit
» rendu à cette philoſophie ſaine &
» vraie qui a forcé les eſprits les plus
» prévenus à rendre juſtice à un Or-
» dre dont le but eſt la bienfaiſance,
» & le ſoutien, cette amitié qui nous
» unit par les liens les plus ſacrés &
» les plus forts.

» Amitié ! ſentiment intime, ſen-
» timent fondé ſur la vertu ; c'eſt toi
» qui faiſant taire tous les intérêts
» particuliers, ou plutôt ne faiſant
» parler que l'intérêt général, forme
» de toutes les volontés des M.·. une
» ſeule volonté, dont le but eſt le
» bonheur général & le bonheur par-
» ticulier. C'eſt par toi que les cœurs
» de tous les FF.·. ſe réuniſſent ; telles
» de foibles ſources en ſe rappro-
» chant, deviennent des ruiſſeaux ;

» qui forment enſuite des fleuves » majeſtueux qui répandent l'abon- » dance en fécondant leurs riva- » ges. C'eſt toi qui forçant chacun » des Membres à mériter l'eſtime de » l'Ordre entier, leur fait deſirer effi- » cacement de marcher dans les ſen- » tiers de la vertu, & en fait des » hommes nouveaux.

« Sous cet aſpect moral, nous trou- » vons dans l'Ordre M.·. les vrais » Théoſophes qui ſavent diſcerner » l'eſſence de cette rare ſageſſe dé- » guiſée ſous des allégories, des éni- » gmes & des images propres d'abord » à fixer les ſens. Nous y trouverons » le rapport immédiat de notre code, » de nos loix, de nos conventions, » avec la vertu, la fraternité, la con- » corde & l'union qui regnent parmi » nous. Jamais le contrat ſocial ne » fut mieux établi ni formé. On mé- » connut toujours dans le ſein de la » F.·. M.·. ce ſentiment ſi commun, ſi » généralement adopté, cette idole à

» qui les mortels prodiguent leur en-
» cens, cet abus insigne de la société:
» je veux parler de l'égoïsme, ce
» monstre qui étouffe, en se déve-
» loppant, la tendresse paternelle &
» filiale; il méconnoît toutes les loix,
» même la naturelle; il se persuade
» qu'il n'existe aucune délicatesse, ni
» sensibilité, ni affection; il ne voit
» point le précipice ouvert devant
» lui, il ne pense point qu'il tend sans
» cesse à sa destruction. L'égoïste peut-
» il quelque chose par lui-même? Il
» a besoin, sans interruption, du se-
» cours d'autrui, dont il oublie l'exis-
» tence pour s'occuper de lui seul. Il
» interrompt cette harmonie qui est
» le fondement de la société. En anéan-
» tissant les douceurs & les agrémens
» de la vie, il ne réfléchit point sur
» cette réciprocité mutuelle qui doit
» exister parmi les hommes. Je le ré-
» pete, l'égoïsme est le plus grand
» abus qui regne dans la société: c'est
» le vice le plus opposé aux loix que

» nous nous sommes imposé. Je ne » prétends point confondre l'égoïsme » des états avec l'égoïsme des indi- » vidus dont je viens d'esquisser le » tableau : le premier a été la source » de plusieurs établissemens utiles ; » sous un certain point de vue, il est » un des plus grands mobiles qui ait » sauvé des Républiques & même des » Empires.

» Notre réunion cimentée par nos » secrets, par nos signes, nos attou- « chemens, fait la force & l'appui » de notre institution : cette réunion, » dis-je, fait la base visible de la F.·. » M.·. Mais la base invisible n'est con- » nue que des vrais M.·. Cependant » elles s'amalgament ensemble, leur » origine étant la même. Heureux » ceux qui en ont une connoissance » parfaite.

» La pratique des vertus sociales » & morales a été de tous les temps » l'appanage des vrais M.·. Ces vertus » sublimes, dégagées de tout alliage,

» séparées comme l'or au creuset, se
» sont toujours conservées les mêmes
» parmi les Membres de l'A.·. R.·. M.·.
» Les débauches, l'indiscrétion, les
» abus des différentes jouissances, &
» la satiété qui les accompagnent,
» n'ont point éclipsé l'éclat de ces
» vertus qui sont le fondement de
» notre Ordre; il s'est maintenu malgré
» les révolutions & les atteintes qu'on
» y a portées; ces révolutions n'ont
» point desséché la source si précieuse
» d'où découle la vraie consolation
» du sage.

» Si on eût pu craindre la perte ou
» l'altération de la sagesse, elle se
» retrouveroit dans toute sa pureté
» parmi les F.·. M.·.; ils en seroient
» les dépositaires. Convaincus que ce
» trésor est aussi nécessaire à l'homme
» pour être heureux, que la lumiere
» au voyageur pour suivre sa route
» & éviter les accidens, les ténèbres
» se dissipent pour eux, & ils mar-
» chent avec sûreté dans la route du
» bonheur.

» Ainsi, connoître le vrai bonheur, » tâcher de se le procurer, s'y maintenir, voilà l'effet de notre morale; » voilà ce qu'enseignent nos loix & » nos mysteres, voilà les fruits de nos » assemblées. Dans notre Ordre c'est » le sentiment le plus pur, le plus parfait qui nous lie; c'est la bienfai» sance, l'égalité, la fraternité qui » nous distinguent, malgré le torrent » des affaires, le tourbillon de la so» ciété & les sophismes des passions. » C'est parmi nous qu'existent, d'une » maniere plus sûre, tous les avan» tages de la société. Par nos pré» ceptes, par nos loix & nos conven» tions, on concourt plus aisément » à les obtenir, on parvient enfin à » cette tranquillité, à ce doux épan» chement de l'amitié qui fait le char» me de la vie. «

Après les applaudissemens d'usage, le V.·. Devoyo a fait dresser la présente planche à tracer qui a été signée

des

des FF.·. Députés Commissaires du G.·. O.·., de tous les Membres présens de la □.·. de la *Bonne Foi* à l'O.·. de Semur ; du F.·. Sirugue, V.·. de la □.·. de l'Egalité à l'O.·. de Viteaux ; des FF.·. Bordot l'aîné, Champi, Touzet, de Chambeire & Perrot, Membres de ladite □.·. & encore des FF.·. Noirot, Religieux Bénédictin de la Congrégation de St. Maur, Petit de Cruzil, Garde du Corps de Sa Majesté, & Vignon, Entreposeur du Tabac de Semur en Auxois, Visiteurs, qui avoient été invités à la cérémonie. Les maillets ayant été ensuite remis aux trois Officiers de ladite □.·., le V.·. Simon de Grandchamp, placé sous le dais à l'O.·., a prononcé le discours suivant.

MM.·. CC.·. FF.·.

» La majesté de l'Ordre Royal, l'an- Disc. du V.·. Simon de G.·.
» cienneté de son établissement, la
» sagesse de ses constitutions, le ta-

» bleau des Princes & des Grands, le
» nombre des ſavans & des ſages qui
» ſe font un honneur de leur initia-
» tion; enfin, les vertus des Membres
» de l'Ordre M.·., voilà, TT.·. CC...
» FF.·. de cet O.·. nos motifs pour y
» être agrégés. Depuis près d'un an
» nous ſoupirions après cette faveur,
» qui nous eſt enfin accordée.

» Juſqu'ici nos travaux ont été di-
» rigés par des vues pures, ils ont été
» animés par le feu ſacré qui nous
» unit les uns aux autres : mais il
» nous manquoit les lumieres du G.·.
» O.·. Son ſceau n'avoit pas régula-
» riſé notre attelier. Iſolés, nous étions
» abandonnés à nous-mêmes, & nos
» pas foibles & incertains n'étoient
» aſſurés, ni par le concours, ni par
» l'approbation des FF.·. M.·. répandus
» dans le Royaume; nous ne pouvions
» ni les inviter à venir nous éclairer
» & nous ſoutenir, ni leur demander
» la permiſſion de puiſer des forces
» & des lumieres chez eux. Sembla-

» bles à ces peuplades errantes au
» milieu des déserts, qui ont em-
» prunté des nations voisines l'ombre
» des loix qui les régit, & qui par-
» là ont quelque chose des peuples
» policés; mais qui restent dans un
» état de foiblesse & d'ignorance,
» parce qu'elles ne peuvent avoir
» avec leurs voisins, ni liens d'inté-
» rêt, ni commerce de lumieres & de
» richesses.

» Réjouissons-nous donc, TT.·.
» CC.·. FF.·. de cet O.·., un jour plus
» brillant luit aujourd'hui, & va dis-
» siper les nuages qui nous intercep-
» toient la lumiere. Le G.·. O.·. en
» faisant réfléchir sur nous les rayons
» de l'étoile flamboyante, nous donne
» une nouvelle existence, & nous
» associe pour toujours à tous les
» avantages de l'Ordre. Que cette
» époque est flatteuse pour nous, &
» qu'elle mérite bien d'être gravée
» dans nos cœurs comme dans nos
» archives, en caracteres ineffaçables.

» Plus je considere la faveur qui » nous est accordée en ce jour, plus » je sens, je l'avoue, mon cœur se » partager presque également entre » le plaisir que me donne l'accom» plissement du plus ardent de nos » souhaits, & le regret de ne pou» voir que peindre foiblement les » transports de notre reconnoissance. » J'ose cependant me promettre que » si je ne puis la faire éclater d'une » maniere proportionnée au bienfait » & au desir des CC.·. FF.·. de cet » O.·. qui m'ont choisi pour être un » des interprêtes de leurs sentimens, » je n'en seconderai pas moins leurs » vues par le simple & naturel épan» chement de mon cœur.

» En effet, TT.·. CC.·. FF.·. Dépu» tés, qui pouvoit mieux que vous » présider à nos travaux, les diriger, » & donner à notre □.·. naissante, » la forme réguliere qui lui manquoit; » vous, qui par [illegible] tenez un » rang distingué dans la Province,

» qui par zèle pour la M.·. avez em-
» braſſé un rit plus ſévére auquel nous
» vous aurions demandé de nous aſ-
» ſocier ſi nous en avions mieux connu
» les Loix, ſi nous étions aſſurés que
» les devoirs qu'il impoſe, ne ſont
» pas au deſſus de nos forces : vous
» enfin, qui par l'eſtime & la véné-
» ration publiques que vous ont ac-
» quis vos qualités perſonnelles, im-
» poſerez ſûrement ſilence aux cris
» du vulgaire, qui, portant ſur nos
» myſteres une indiſcrete curioſité,
» cherche à ſe venger de ſon igno-
» rance, en nous prêtant des inten-
» tions dont auroit à rougir tout
» homme raiſonnable.

» VV.·. Viſiteurs qui venez prendre
» part à notre joie, nous ſentons tout
» le prix de cette faveur; auſſi cher-
» cherons-nous dans tous les temps
» à vous donner, ainſi qu'à vos RR.·.
» LL.·. des preuves convaincantes de
» la plus tendre amitié & de la re-
» connoiſſance la plus vive.

» Puiſſions-nous, TT.·. CC.·. FF.·.
» de cet O.·., nous rendre dignes de
» ſi grands bienfaits, marchons ſur
» les pas de ſi beaux modeles. L'uni-
» que moyen eſt de nous ſouvenir
» que notre morale eſt ſaine, mais
» ſans auſtérité ; elle ne condamne
„ pas les plaiſirs innocens, mais elle
„ établit qu'on ne peut en goûter les
„ charmes que dans le repos d'une
„ conſcience pure & dans le ſein de
„ la vertu. Pénétrés de ces principes,
„ notre □.·. ne reſpirera jamais l'air
„ infect de la diſcorde & de la diſſen-
„ tion ; les méſintelligences, les reſ-
„ ſentimens, les haines, & toutes les
„ petiteſſes de l'amour propre, ou
„ d'une ſenſibilité déplacée, ſeront
„ perpétuellement bannies de cet au-
„ guſte ſanctuaire. L'amitié y dictera
„ ſeule des loix dont la douceur ſera
„ une de nos jouiſſances les plus dé-
„ licieuſes. Occupons-nous ſur-tout
„ à relever l'éclat de cette ſolemnité
„ par des actes de bienfaiſance, car

„ ce n'eſt que par l'exercice de cette „ vertu que nous pouvons mériter „ un nom dont nous ſommes ſi jaloux, „ celui de bon M.·.

„ Mais, en retraçant des devoirs „ que vous connoiſſez mieux que „ moi, je ne m'apperçois pas que je „ ſuſpends trop long-temps nos plai- „ ſirs; livrons-nous donc à l'alégreſſe „ que ce jour nous inſpire, & crions „ tous, dans l'effuſion de nos cœurs, „ V.·. V.·. V.·. "

Ce diſcours a été applaudi par les FF.·. Députés du G.·. O.·., par les FF.·. Viſiteurs de la ☐.·. de l'Egalité à l'O.·. de Viteaux, & autres Viſiteurs invités à la cérémonie : enſuite les mêmes applaudiſſemens ont été répétés par tous les Membres de la ☐.·. de la *Bonne Foi*.

Le F.·. Berthier, premier Orateur de la ☐.·. de la *Bonne Foi*, ayant demandé la parole, a prononcé le diſcours ſuivant.

MM.·. FF.·.

Discours du F.·. Berthier.

“ Que cette cérémonie auguste pré-
„ sente d'idées & de sentimens chers
„ à mon cœur ! vertu céleste, pre-
„ mier bien de l'homme, sainte ami-
„ tié, don le plus précieux après la
„ vertu, & qui ne regnes que par la
„ vertu ; bienfaisance, humanité, éga-
„ lité, raison, liberté, que d'images
„ consolantes vous m'offrez en ce
„ jour ! C'est à vous à qui nous con-
„ sacrons ce Temple, & c'est dans
„ nos cœurs que nous voulons éta-
„ blir votre sanctuaire. Ah ! MM.·.
„ FF.·., si vos cœurs ont été quel-
„ quefois émus lorsque j'essayois,
„ dans nos comités, de vous peindre
„ les charmes de la vertu ; si les foi-
„ bles tableaux que j'ai esquissés du
„ bonheur que procuroit à notre pe-
„ tite société l'amitié vive & pure
„ qui nous unit ; si ces foibles ta-
„ bleaux ont touché vos ames sen-
„ sibles ; combien ne le seroient-elles

„ pas davantage, si mes talens me „ permettoient de revenir sur les mê- „ mes idées avec l'éloquence du V.·. „ Député qui vient de nous présider; „ & combien ce que j'aurois à vous „ dire ne tireroit-il pas de force en „ ce moment, du bonheur que nous „ avons d'être admis dans la société „ de tous les M.·., de ces hommes „ vertueux qui appuient le précepte „ par la multiplicité des exemples, „ & auxquels nous sommes mainte- „ nant unis par les liens de l'amitié „ fraternelle.

„ Ce jour desiré depuis si long- „ temps, est donc enfin arrivé. Le „ G.·. O.·. va répandre sur nous ses „ lumieres; déjà il a formé les liens „ qui nous unissent à tous les M.·.; „ déjà il a donné à notre attelier une „ existence légale. VV.·. Députés, „ chargés de lui témoigner toute „ notre reconnoissance, assurez-le „ qu'il trouvera dans les Membres „ qu'il vient d'adopter, une gratitude

„ proportionnée à ſes bienfaits; une „ vénération pour l'Ordre, établie „ ſur les grandes idées que nous en „ avons conçue; & un zèle pour la „ vertu, inſpiré par la conviction „ qu'elle ſeule peut conduire l'homme „ au bonheur. Tels ſont les ſentimens „ que j'ai toujours vu dans les FF.·. „ de cet O.·. dont je ne ſuis que le „ foible interprête.

„ VV.·. Députés du G.·. O.·. puiſ- „ ſiez-vous vous applaudir de la com- „ miſſion que vous rempliſſez aujour- „ d'hui! qu'elle doit vous être chere! „ cet attelier eſt votre ouvrage, & „ vous l'ignoriez. Oui, ſi nous avons „ pris connoiſſance de la M.·., ſi dès le „ commencement nous avons adopté „ ſes vrais principes; ſi nous avons „ conçu de quelle utilité elle pouvoit „ être, & pour chaque individu, & „ pour chaque aſſociation particu- „ liere, & pour la ſociété en géné- „ ral: c'eſt à vous à qui nous en ſom- „ mes redevables. Un heureux haſard

» ſit tomber entre les mains de plu-
» ſieurs d'entre nous la planche à
» tracer de l'inſtallation de la R.·.
» □.·. de l'Egalité à l'O.·. de Vi-
» teaux ; vos diſcours éloquens fu-
» rent des traits de lumiere, ils échauf-
» ferent nos cœurs, & nos diſpoſi-
» tions nous donnerent la confiance
» de nous préſenter à la □.·. de Vi-
» teaux, qui daigna nous admettre.

» C'eſt donc dans le ſein de cette
» R.·. □.·. qu'ont été formés la plu-
» part de ceux qui les premiers ont
» concouru à notre établiſſement.
» Nous reconnoiſſons hautement les
» obligations que nous lui avons, &
» nous prions ſes Députés de l'aſſu-
» rer que nous conſerverons pour
» elle, & pour tous ſes Membres,
» une affection diſtinguée.

» Vous avez donc, VV.·. Députés
» du G.·. O.·., un double droit à
» notre reconnoiſſance, vos noms
» ſeront conſignés dans nos faſtes :
» mais votre mémoire ſera gravée
» plus ſûrement dans nos cœurs.

» Et vous, RR.·. FF.·. Viſiteurs, « qui avez voulu honorer de votre » préſence le jour de notre triomphe » & de notre gloire, vous nous don» nez un premier gage de cette amitié » qui diſtingue les M.·.; vous reſſerrez » les liens qui déſormais vont nous » unir. «

» Nous réclamons votre indulgen» ce, MM.·. FF.·. Initiés aux myſteres » de la M.·. depuis très-peu de temps, » peu à portée les uns & les autres » de fréquenter les □.·., vous ne » nous trouverez peut-être pas au» tant inſtruits que vous le deſireriez, » des uſages & même des rits. Mais » nous oſons vous promettre un zèle » & une docilité qui ſera pour vous » un ſûr garant que la □.·. de la » Bonne Foi s'empreſſera toujours de » marcher ſur vos traces, de mériter » votre eſtime par ſa régularité fu» ture, autant que votre amitié par » ſes ſentimens actuels.

» G.·. A.·. de cet U.·., c'eſt ſous

» vos

» vos auſpices, c'eſt à votre gloire
» que notre aſſociation, que ce Tem-
» ple ſont conſacrés; faites germer la
» vertu dans nos cœurs, écartez tout
» profane de ce lieu conſacré à la
» vertu.

» Mais n'oublions jamais, MM.·.
» FF.·., que le profane le plus à re-
» douter ſeroit celui qui apporteroit
» dans nos aſſemblées un cœur cor-
» rompu, une ame ſouillée par les
» crimes, un eſprit vindicatif & mé-
» chant. Le vrai profane ſeroit l'hom-
» me inſociable que le moindre trait
» bleſſe, qui ſe croit humilié s'il ne
» domine, & qui, plein d'un orgueil
» inſenſé, ne ſait pas ſupporter les
» défauts & les foibleſſes de ſes fre-
» res : l'homme dur, qui verroit d'un
» œil ſec & avec une pitié ſtérile,
» les infortunes & le malheur de l'hu-
» manité : l'homme lâche qui ſacri-
» fieroit les intérêts du pauvre & du
» foible, pour favoriſer les injuſtices
» du riche & du puiſſant : l'homme

» avide qui préféreroit un vil intérêt
» à la tranquillité d'une conscience
» pure. G.·. A.·. de l'U.·. dirigez-nous
» si sagement dans le choix de nos
» prosélytes, que nous n'ayions ja-
» mais à gémir sur une telle profa-
» nation.

» Jusqu'à ce moment tout doit nous
» rassurer contre un tel malheur; je
» ne vois ici que des esprits dirigés
» par la prudence, des cœurs épris
» de l'amour du bien, & remplis de
» zèle pour la gloire de l'Ordre.

Ce discours ayant été applaudi dans la forme précédente, le F.·. Champagne, second Orateur, Secretaire adjoint, Garde des sceaux & archives de la □.·. de la Bonne Foi, ayant demandé la parole, a prononcé le discours qui suit.

MM.·. CC.·. FF.·.

Disc.·. du F.·. champagne

« De toutes les sociétés répandues
» parmi les hommes, il n'en est point

» de plus respectable & de plus utile » que la M.·. Si le public, jaloux de » ce que nous lui laissons ignorer les » mysteres renfermés dans nos Tem- » ples, peut douter de cette vérité ; » tout vrai M.·. en est convaincu.

» Quoi de plus respectable, en » effet, qu'une société dont l'origine » se perd dans la nuit des temps, & » qui s'est conservée de siécle en sié- » cle, malgré les révolutions des Em- » pires & des mœurs, malgré les tra- » verses & les persécutions que l'ig- » norance & le fanatisme lui ont fait » essuyer à différentes époques !

» Sous ce point de vue, quelle » haute idée ne doit-on pas se former » de la M.·. ? Qu'on ouvre les annales » de l'histoire, on y verra une foule » d'établissemens se former & finir, » tel doit être le sort de toute société » créée par l'intérêt, gouvernée par » la politique, & soutenue par l'in- » trigue : mais le temps qui détruit » tout, a respecté la M.·., parce que

» elle eſt fondée ſur la vertu. Une » pareille baſe eſt inébranlable ; auſſi » depuis ſon origine la M.·. a conſ- » tamment triomphé des attaques du » préjugé & des paſſions qui gouver- » nent les hommes.

» Mais quelle eſt cette origine de » la M.·. ? Cette queſtion, malgré les » recherches exactes faites par des » M.·. ſages & de bonne foi, eſt en- » core un problême à réſoudre. Les » différentes opinions à cet égard » n'ont produit que le doute & l'in- » certitude ; ſans prétendre fixer celle » à laquelle on doit s'arrêter, je me » bornerai à vous préſenter ici les » ſentimens les plus raiſonnables ſur » cette queſtion.

» D'abord on a fait remonter la » ſource de la M.·. juſqu'aux anciennes » initiations des Egyptiens. Les myſ- » teres renfermés dans l'enceinte de » leurs Temples, une reſſemblance » frappante dans pluſieurs de leurs » uſages ; leurs réceptions enſuite

» d'épreuves qui aſſuroient le cou-
» rage & la diſcrétion de ceux qui ſe
» préſentoient ; les différens grades
» que l'on accordoit aux initiés, la
» maniere de ſe reconnoître entre
» eux, & plus que tout cela encore,
» les principes de morale & de vertu
» que l'on y inſpiroit comme dans la
» M.·., ont donné à ce premier ſyſ-
» tême un grand degré de probabi-
» lité.

» D'autres, ſans remonter à une
» époque ſi reculée, ont prétendu
» que la M.·. devoit ſon exiſtence aux
» premiers Chrétiens. Perſécutés à
» cauſe de leur Religion, ils étoient
» obligés de s'aſſembler en ſecret pour
» rendre au G.·. A.·. de l'U.·. le culte
» qui lui étoit dû, & pratiquer en
» ſilence les devoirs qui leur étoient
» impoſés, & les vertus dont ils
» étoient animés. Mais pour ôter tout
» ſoupçon à leurs perſécuteurs, ils
» avoient imaginé des emblêmes tirés
» de l'art de la maçonnerie, dont le

» sens connu d'eux seuls, renfermoit
» les principaux points de leur mo-
» rale & de leur culte ; & pour se re-
» connoître entr'eux, ils avoient éta-
» bli des mots & des signes semblables
» aux nôtres.

» D'autres encore ont cru voir son
» berceau dans les Croisades. Suivant
» eux, les premiers M.·. sont, ou des
» croisés qui se dévouerent à la cons-
» truction d'un nouveau Temple à Jé-
» rusalem ; ou les malheureux débris
» de cette foule d'Européens qui paf-
» serent dans l'Orient ; forcés de vivre
» au milieu de leurs ennemis, ils
» avoient imaginé des mots & des
» signes de ralliement.

» Enfin, une derniere opinion, peut-
» être la plus probable, est celle qui
» fait naître la M.·. de notre brave
» & antique Chevalerie. En effet, que
» l'on jette un coup d'œil attentif sur
» l'histoire de l'une & de l'autre, on
» est frappé des caracteres de ressem-
» blance qui se trouvent entre elles.

» Unité de but : la vertu. Conformité de principes : le ſecours des malheureux. Rapports dans les uſages, ſoit dans leurs réceptions, ſoit dans la maniere de ſe reconnoître. Union entre eux par le titre de freres, & enfin cette précieuſe égalité qui rapproche les conditions & les fortunes. En réfléchiſſant ſérieuſement, on ne découvre entre la Chevalerie ancienne & la M.·. actuelle, d'autres différences que celles que le changement des temps & des mœurs & un eſprit plus éclairé, ont dû néceſſairement y apporter.

» Telles ſont, MM.·. *FF.*·., les opinions les plus vraiſemblables ſur l'origine de notre Ordre. Je conçois que ces recherches, objets d'une pure curioſité, doivent moins nous occuper que le deſir de remplir un des buts les plus importants de notre inſtitution, celui d'être utile ; car ſans utilité toute aſſociation mérite peu d'exiſter. Mais

» eſt-ce à des M.·. & à des M.·. inſ-
» truits qu'il faut parler de l'utilité
» de la M.·. ? n'êtes-vous pas con-
» vaincus, comme moi, qu'elle pro-
» duit un bien général ? Utile par la
» morale qu'elle enſeigne, elle con-
» tribue à notre bonheur réciproque
» & à celui de ceux qui nous entou-
» rent. En effet, la vertu dont notre
» Société nous fait une loi, l'amitié
» fraternelle qu'elle nous inſpire,
» l'eſprit d'humanité & de bienfaiſance
» qu'elle nous recommande, le ton
» décent & honnête, l'union intime,
» l'égalité qui regne parmi nous;
» l'obligation de remplir nos devoirs
» civils dans l'état où la Providence
» nous a placés; l'amour de la Patrie,
» le reſpect & l'obéiſſance que nous
» vouons aux Supérieurs que l'Etat
» nous a donnés; & toutes les qua-
» lités, en un mot, qui, ſuivant nos
» principes, font le bon & vrai M.·.,
» ne font-elles pas auſſi propres à en
» faire un bon citoyen dans ſa vie

» publique, qu'un bon pere, un bon
» fils, un bon époux, un bon ami,
» dans sa vie privée.

» Persuadés de ces grandes vérités, » que de graces, MM.·. FF.·., n'avons-» nous pas à rendre au G.·. O.·. qui » nous a constitué membres d'une So-» ciété qui offre de si précieux avan-» tages! En commençant notre car-» riere maçonnique, nous ne nous » flattons pas de posséder toutes les » vertus nécessaires pour la bien rem-» plir : mais instruits par les sages » leçons d'un Frere aussi vénéré dans » le sanctuaire de la Justice, que dans » celui de nos Temples, & par l'exem-» ple de ceux qui ont bien voulu » concourir avec lui à notre instal-» lation; nous espérons, en marchant » sur leurs traces, nous rendre dignes » de la faveur qu'ils nous ont faite. «

Ce discours a été applaudi dans la même forme; après quoi le F.·. Noirot, Visiteur, ayant demandé la parole, a prononcé le discours suivant.

MM.·. CC.·. FF.·.

Dif-
cours
du F.·.
Noirot

» L'expérience de tous les âges » nous apprend que les Sociétés se » ressentent bientôt de la légéreté & » l'inconstance des hommes qui les » ont établies : un jour les voit naî- » tre, elles existent un instant, puis » elles tombent dans l'oubli pour n'en » sortir jamais. La M.·. seule, quoi- » que son origine remonte à la plus » haute antiquité, subsiste encore » aujourd'hui. Loin de s'anéantir avec » le temps, comme les autres So- » ciétés, nous la voyons se produire » toujours avec un nouvel éclat; les » LL.·. se multiplient, nos FF.·. se » répandent dans tout l'univers; il » est peu de Villes qui ne se glori- » fient d'avoir des M.·. dans son sein, » & si quelques-unes en ont été pri- » vées jusqu'à ce jour, nous les voïons

» en foule demander une loge comme
» une faveur particuliere.

» Vous m'en êtes garans VV.·. Com-
» missaires, vous à qui l'intelligence
» & le zèle pour la M.·. ont mérité
» de la part du G.·. O.·. le glorieux
» emploi de porter la lumiere dans
» plusieurs villes de cette Province.
» La planche à tracer de l'inaugura-
» tion de la ☐.·. de l'Egalité à l'O.·.
» de Viteaux, est dépositaire de vos
» talens & de la satisfaction des FF.·.
» qui la composent.

» Mais cet avantage manquoit à la
» Ville de Semur, vous venez com-
» bler ses vœux en le lui procurant.
» La mémoire de cette institution
» glorieuse sera conservée dans les
» annales de ce Temple que vous avez
» consacré aujourd'hui; mais elle sera
» encore plus profondément gravée
» dans le cœur des FF.·. qui compo-
» sent ce R.·. O.·., & qui, par leur
» zèle & leurs sollicitations empres-
» sées, ont prouvé qu'ils étoient dignes
» de cette faveur.

» En ce moment, MM.·. FF.·., puiſ-
» ſiez-vous lire au fond de mon cœur,
» vous le verriez au comble de la
» joie, de ſe trouver dans une □.·.
» également digne de mon reſpect &
» de mon amour, par les ſentimens
» de vertus dont nous la voyons ani-
» mée, & par les eſpérances flatteuſes
» qu'elle nous fait concevoir. »

Ce diſcours a été applaudi avec les acclamations d'uſage, par tous les FF.·. qui ont aſſiſté à la cérémonie. Enſuite le V.·. Simon de Grandchamp ayant annoncé que la R.·. □.·. de la Bonne Foi ayant deſiré ſignaler ſon inſtallation par un acte de bienfaiſance, en procurant un métier à un infortuné de la Ville de Semur, le FF.·. Gueneau d'Aumont, Lieutenant Général de Police & Maire de ladite Ville, Eléémoſinaire, avoit été chargé de déſigner quelques ſujets qui fuſſent dans le cas d'en profiter; & ce FF.·. ayant indiqué pluſieurs familles dans lesquelles on pouvoit les choisir, les voix de tous les Membres de la □.·. de la Bonne Foi, prises, elles se sont réunies en faveur de Marie-Reine Millot, fille de Jean-Baptiste Millot, Marchand à Semur, chargé d'une nombreuse famille, & ledit F.·. Gueneau d'Aumont a été autorisé à prendre dans la caisse des aumônes, les fonds nécessaires pour payer ce métier.

Le V.·. Simon de Grandchamp aïant ensuite demandé à tous les FF.·. s'ils n'avoient rien à proposer pour le bien de l'Ordre & l'intérêt de la □.·. en particulier, & tous ayant annoncé n'avoir aucune proposition à faire, il a suspendu les travaux pour faire préparer la □.·. de banquet, qui a été tenue dans la plus grande régularité: on y a porté avec pompe & avec les plus vives acclamations, les santés prescrites par le G.·. O.·. de France dans ses instructions.

Après les trois premieres ſantés, le F.·. Berthier, premier Orateur, ayant demandé la parole, a prononcé le diſcours ſuivant.

MM.·. FF.·.

2 Diſcours du F.·. Berthier.

« Si quelque choſe peut changer » les idées du vulgaire ſur notre So- » ciété, le convaincre qu'elle n'eſt » pas uniquement deſtinée pour le » plaiſir, lui prouver que ſon but eſt » d'apprendre à l'homme à ſe vaincre » lui-même; c'eſt l'uſage établi dans » l'Ordre, d'interrompre les plaiſirs » de la table par des diſcours dont » l'objet roule communément ſur les » matieres les plus ſérieuſes. J'ai tou- » jours été frappé de ce paſſage ſubit » de la gaieté décente qui fait le » charme de nos agapes, à une at- » tention ſoutenue que dans le monde » on donne rarement, même dans les » circonſtances qui l'exigent le plus. » Elle fait aſſurément l'éloge de notre

» institution. Mais aussi j'ai toujours » cru que pour n'en pas abuser, il » falloit choisir les matieres les plus » importantes ou les plus analogues » aux circonstances, sur-tout lorsque » l'Orateur n'avoit rien à se promettre » de ses talens. C'est ce qui m'a dé- » terminé à vous communiquer au- » jourd'hui quelques idées sur l'uti- » lité des □.·. dans les petites villes.

» Je ne ferai, MM.·. FF.·., que ré- » péter ce que j'ai appris de vous, » ce que vous m'avez inspiré : puissé- » je rendre vos idées & vos senti- » mens de maniere à assurer les RR.·. » FF.·. Commissaires du G.·. O.·. du » zèle qu'ils peuvent se promettre » d'une □.·. naissante, au bonheur » & à la prospérité de laquelle notre » dévouement & notre reconnoissance » doivent leur faire prendre le plus » grand intérêt.

» Une petite Ville renferme com- » munément un nombre médiocre de » citoyens d'un état honnête, mais

» de conditions & de fortunes diffé-
» rentes ; & cette différence s'y fait
» sentir d'autant plus vivement, que
» plus rapprochés les uns des autres,
» leurs intérêts se contrarient plus
» aisément, leurs passions se heurtent
» plus souvent. Plus à portée de se
» voir, de s'examiner, ils sont plus
» exposés à se choquer mutuellement
» de leurs défauts : la proximité des
» objets grossit souvent les inconvé-
» niens que l'on y trouve. Delà nais-
» sent des querelles, des divisions,
» des haines, qui privent les uns &
» les autres des avantages qu'ils pour-
» roient réciproquement se procurer.

» Quel bien ne doit donc pas ap-
» porter avec elle une association,
» qui, rappellant les hommes à leur
» égalité naturelle, détruit la cause
» des passions qui troublent le plus
» l'harmonie des sociétés ? Oui, MM.·.
» FF.·., ces mêmes hommes qui vi-
» voient entre eux au moins avec
» indifférence, parce qu'ils ne s'é-

» toient vus qu'à travers les preſtiges
» de la vanité, ſeront étonnés de ſe
» voir ſous un point de vue abſolu-
» ment contraire. Les M.·. jugeant
» des hommes, non par des dehors
» trompeurs, mais par ce qu'ils ſont
» en eux-mêmes; ils reſpecteront la
» probité la plus exacte, lorſqu'ils la
» verront décorer une profeſſion in-
» férieure, une profeſſion même ſuſ-
» pecte : ils chériront une modeſtie
» vraie & ſincere, lorſqu'ils la trou-
» veront unie avec une place émi-
» nente, avec une naiſſance diſtin-
» guée : ils ſauront démêler des qua-
» lités eſſentielles parmi des défauts
» plus apparens que réels, plus in-
» commodes que nuiſibles : ils con-
» cevront même des eſpérances bien
» fondées, que le vice, lorſqu'il n'eſt
» pas enraciné, ne tiendra pas contre
» les efforts des conſeils ſoutenus par
» des exemples multipliés. C'eſt ainſi
» MM.·. FF.·., qu'une ſociété de M.·.
» dans une petite Ville, fait que les

» vertus en ſont mieux connues, les
» défauts mieux appréciés, & les vi-
» ces plus ſûrement corrigés. C'eſt
» ainſi qu'elle fonde l'union des cœurs
» ſur la baſe la plus ſolide, ſur l'eſ-
» time & ſur la vertu.

» D'ailleurs, quoi de plus propre
» que nos travaux à donner des idées
» d'ordre & de ſubordination que l'on
» paroît vouloir mettre en oubli dans
» le monde : chez nous, tout ne rap-
» pelle-t-il pas au bien. Quoi de plus
» propre que nos emblêmes à rame-
» ner ou à maintenir la régularité.
» Hélas! MM.·. FF.·., un luxe dévo-
» rant iſole pour ainſi dire dans la
» ſociété, du moins l'homme ſage a
» preſque toujours à redouter de ſe
» lier avec ceux dont les fortunes ne
» ſont pas proportionnées à la ſienne.
» La Maçonnerie rapproche tous les
» hommes vertueux qui ont reçu une
» éducation honnête. Je ne fais qu'in-
» diquer mes idées, je ne peux vous
» peindre en ce moment combien je

» ſuis pénétré de l'utilité d'une □.·.

„ Réuniſſez-vous tous à moi, CC.·.
» FF.·. de cet O.·., pour remercier le
» G.·. O.·. de la faveur qu'il nous ac-
» corde en ce jour ſolemnel; & vous
» V.·. Députés, quels droits n'avez-
» vous pas à notre reconnoiſſance,
» pour avoir concouru d'une maniere
» ſi diſtinguée à donner à notre éta-
» bliſſement une exiſtence ſolide &
» durable. «

Ce diſcours fini & applaudi à la maniere accoutumée, le F.·. Vicomte de Damas ayant demandé la parole, a préſenté à la R.·. □.·. un cantique de ſa compoſition, analogue à la cérémonie, tous les FF.·. l'ayant prié de le chanter, il a été unanimement applaudi; on y a reconnu le zèle dont ce F.·. eſt animé pour la Maçonnerie, & il a été délibéré qu'il ſeroit inſéré à la ſuite de la préſente planche à tracer.

Le V.·. Simon de Grandchamp ayant

ensuite fait faire la collecte des aumônes pour les infortunés que les F.·. M.·. n'oublient jamais dans leurs travaux, tous les FF.·. ayant témoigné leur satisfaction, il a fermé la □.·. à l'heure ordinaire & avec les cérémonies accoutumées : ensuite tous les FF.·. se sont retirés, après avoir signé la présente Planche à tracer.

A.·. L.·. G.·. D.·. G.·. A.·. de l'U.·.

Sous les auspices du S.·. G.·. M.·. de toutes les LL.·. R.·. de France.

TABLEAU

Des Freres qui composent la □.·. *de la* Bonne Foi *à l'O.·. de Semur en Auxois, pour l'année 1784.*

F. Jos.-Den. SIMON DE GRANDCHAMP, ancien Conseiller au Parlement de Dijon, Vénérable, *Maitre parfait.*

F. François BERT, Docteur en Médecine, premier Surveillant, *Maitre.*

F. Cl.-Edme REUILLON DE BRAINT, Maître des Comptes Honoraire de la Chambre des Comptes de Dole, ſecond Surveillant, *Maitre.*

F. Jacques BERTHIER, Chanoine Théologal de l'Egliſe Collégiale de Semur, Orateur, *Maitre.*

F. Edme-Germ.-Franç. CHAMPAGNE, Procur. du Roi de la Maréchauſſée, ſecond Orateur, Garde des ſceaux & archives, & Secretaire Adjoint, *Maitre.*

F. Edme PARIGOT, Conſeiller aux Bailliage & Préſidial de Semur, Maître des cérémonies, *Maitre.*

F. Claude NESLE, Procureur aux Bailliage & Préſidial, Secretaire & Tréſorier, *Maitre.*

F. Philibert-Hugues GUENEAU D'AUMONT, Ecuyer, Maire & Lieutenant général de Police de la Ville de Semur, Eléémoſynaire, *Maitre.*

F. Charles-François PETIT, Procureur du Roi des Bailliage & Préſidial de Semur, Expert-Couvreur, *Maitre.*

F. Claude POTIER, Notaire Royal & Receveur des Conſignations, *Maitre.*

F. Paul-François BOUTEILLE, Curé de Millery, *Maitre.*

F. Antoine-François-Henri VICOMTE DE DAMAS, Seigneur de Lantilly, Cormaillon & autres lieux, *Maitre.*

F. Ch.-Louis MARQUIS DE CLUGNY, Officier au Régiment de Beauvoisis, *Maitre.*

F. Simon-Jacq. HENRI DE CHASSEY, Chevau-Léger de la Garde du Roi, *Maitre.*

F. François-Benigne CŒURDEROY DE MERCEY, Ecuyer, Seigneur de Mercey, *Maitre.*

F. Denis-Claude-Nicolas DE BADIER, Ecuyer, Seigneur de Jullenay, *Maitre.*

F. Nicolas LHUILLIER, Chanoine de la Collégiale de Semur, *Compagnon.*

F. François MAGNIEN, Curé de Vic-sous-Thil, *Apprentif.*

FRERES SERVANS.

F. Guillaume MURIOT, Domestique du F. Berthier, *Apprentif.*

F. François VAILLANT, Marchand, *Apprentif.*

F. Louis MAUBEUGE, Domeſtique du F. de Damas, *Apprentif.*

F. Guy GIRAUD, Pâtiſſier-Traiteur, *Apprentif.*

F. Thomas DEBADIER, Domeſtique du F. de Chaſſey, *Apprentif.*

Adreſſe directe de la □∴

A M. Champagne, Procureur du Roi de la Maréchauſſée, à Semur en Auxois.

COUPLETS faits & chantés par le F∴ Vicomte de Damas, à l'occaſion de l'inſtallation de la □∴ *de la* Bonne Foi, *à l'O∴ de Semur en Auxois.*

Sur l'air du Vaudeville du mariage de *Figaro.*

CE grand jour, mes très-chers Freres,
Nous pénétre de plaiſirs;
En conſacrant nos myſteres,
Vous comblez tous nos deſirs:

Graces à votre miniſtere,
Graces à vos ſages leçons,
Nous voilà donc Francs-Maçons,
Nous voilà donc Francs-Maçons.

Eclairés par votre exemple,
Animés d'un doux eſpoir,
Quand nous entrons dans ce Temple,
Pour remplir notre devoir,
O ſainte amitié! contemple
Ceux qu'enchaîne à ton autel
Notre lien fraternel,
Notre lien fraternel.

Nous reſſerrons donc les chaînes
Qui lient tous les humains;
Nous prenons part à leurs peines,
Nous les portons dans nos ſeins.
Libres des paſſions vaines,
Parmi nous l'égalité
Siege avec l'humanité,
Siege avec l'humanité.

Gloire, honneur au Vénérable:
Salut à ſes Surveillans,
Aux Députés reſpectables
Des différens Orients.
Ornemens de cette table,
Paſſez-nous ce grain d'encens
Brûlé par le ſentiment,
Brûlé par le ſentiment.

FIN.

www.ingramcontent.com/pod-product-compliance
Ingram Content Group UK Ltd.
Pitfield, Milton Keynes, MK11 3LW, UK
UKHW021202220726
13924UKWH00003B/1266